AF283526

Lilia Lucho Chacón

APULEYO EDICIONES   FOMENTO DE VALORES   CUENTOS ILUSTRADOS

LA HORMIGUITA HERMINIA Y EL CÓNDOR CARMELO

APULEYO EDICIONES   FOMENTO DE VALORES   CUENTOS ILUSTRADOS

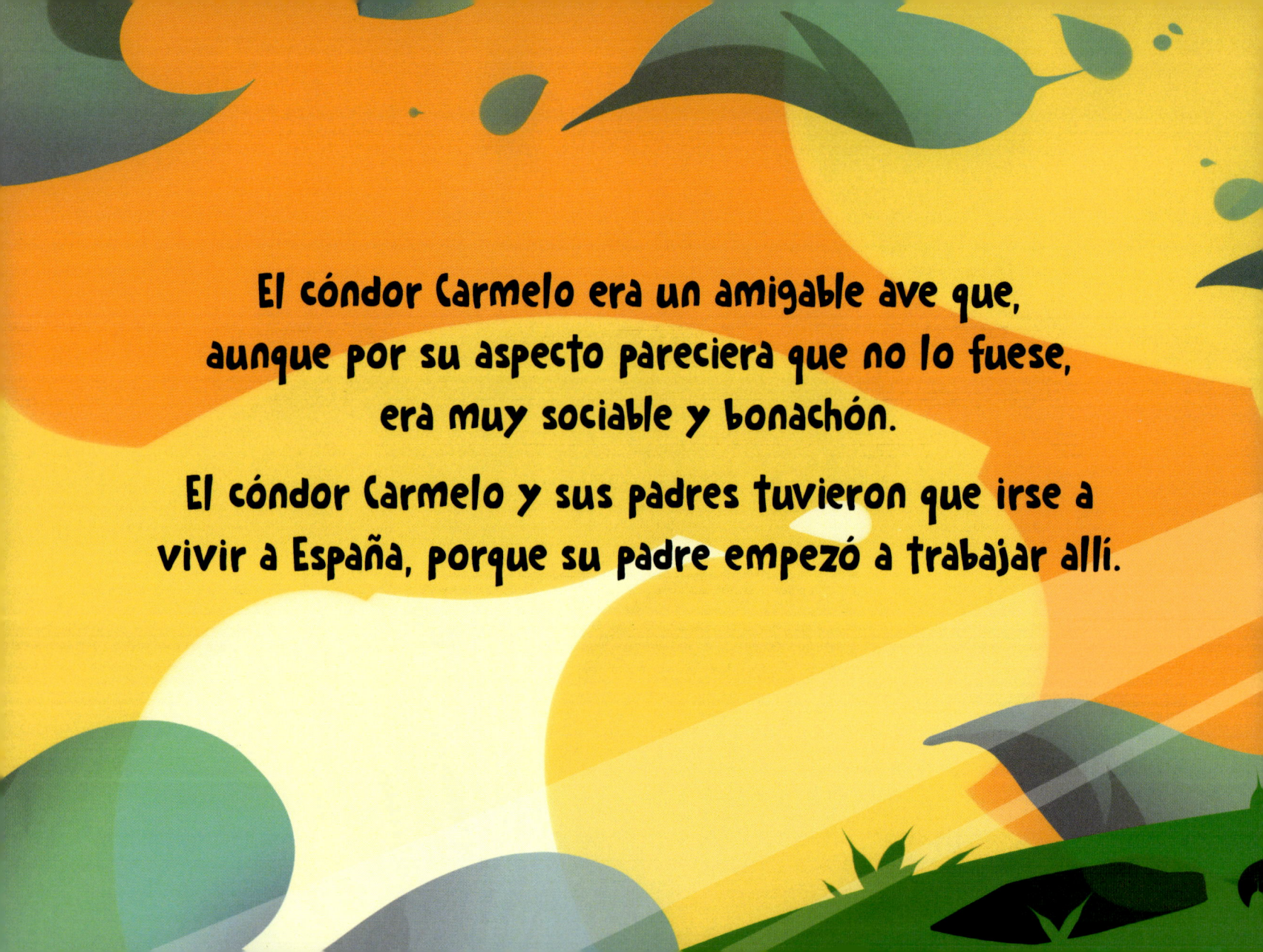

El cóndor Carmelo era un amigable ave que,
aunque por su aspecto pareciera que no lo fuese,
era muy sociable y bonachón.

El cóndor Carmelo y sus padres tuvieron que irse a
vivir a España, porque su padre empezó a trabajar allí.

Allí conoció a una alegre y vivaracha hormiga llamada Herminia, que era su vecina.

Pasaron todo el verano juntos y se hicieron muy buenos amigos.

Se acabó el verano y empezaron las clases, el cóndor Carmelo estaba muy nervioso, porque era un nuevo colegio, nuevos compañeros y nueva profesora.

Al entrar a clase, se dio cuenta de que todos lo miraban y hablaban entre ellos. Él se sintió observado y se puso un poco nervioso; fue a buscar un pupitre libre y se tropezó, "¡¡plop!!".

Todos los que estaban allí se reían de él,
excepto el gusanito Gusni, que fue a ayudarlo.

—¿Te encuentras bien? —le preguntó.

—Sí. Gracias por ayudarme —le respondió.

—Deja que te ayude a recoger tus cosas
—le dijo Gusni.

Entró la profesora a clase y, de repente,
tocaron la puerta, "tock tock...".

Era la hormiguita Herminia, que, como de costumbre,
se había quedado dormida.

—Pasa, Herminia —le dijo la profesora.

La hormiguita Herminia vio a Gusni y a Carmelo,
y se sentó junto a ellos.

Y les dijo: —¿Os habéis hecho amigos ya?

—Pues creo que sí —responde el gusanito Gusni y
sonríe—. ¿Y vosotros os conocéis? —preguntó Gusni.

—Sí —le dijo Herminia—. Es mi nuevo vecino.

Todos en clase hablaban y comentaban sobre sus vacaciones. Había mucho barullo, así que la profesora dijo:

—¡Silencio! Tenemos un nuevo alumno en clase y se llama Carmelo. Háblanos de ti, Carmelo —le dijo, dirigiéndose a él.

Carmelo se puso muy nervioso y dijo en voz bajita:

—Tengo siete años y me quedaré aquí un año por el trabajo de mi padre.

Todos en clase murmuraban y Carmelo se ponía más nervioso al verlos hablar bajito.

Sonó el timbre, era la hora de ir al patio.

La hormiguita Herminia y el gusanito Gusni le dijeron:
—Ven a jugar con nosotros.

Carmelo estaba encantado de jugar con sus nuevos amigos. En el patio todos jugaban al pilla pilla. Y los tres decidieron unirse al juego.

Pero entonces, el gallo Gerónimo dijo,
mirando al cóndor Carmelo:

—Tú no puedes jugar.

—¿Por qué no puede jugar?
—contestó la hormiguita Herminia.

—Porque él no es de aquí y no sabe las reglas del juego
—le dijo el gallo Gerónimo.

El cóndor Carmelo se puso triste y dijo:

—No te preocupes, Herminia, yo prefiero estar solo.

A lo que Herminia respondió:

—Ni hablar. Tú tenías muchas ganas de jugar.

Entonces, los demás compañeros de clase, que estaban jugando, se acercaron y preguntaron qué pasaba.

La hormiguita Herminia les contó todo y no estaban de acuerdo con lo que decía el gallo Gerónimo.

Todos hablaron con él y le dijeron que no estaba bien hacerle eso a un compañero.

El panda Kim, el canguro Oliver y todos los demás compañeros apoyaban al cóndor Carmelo, porque, como él, ellos también venían de otros países y recordaron que, cuando ellos llegaron, también se sintieron extraños, pero con el cariño y la paciencia de sus compañeros pudieron adaptarse a su nuevo país.

El gallo Gerónimo lo entendió y pidió disculpas a Carmelo.

La hormiguita Herminia y todos sus compañeros estaban felices, ya que, por fin, el gallo Gerónimo había entendido el verdadero significado de la amistad.

Y Carmelo estaba feliz de haber encontrado tan buenos amigos.

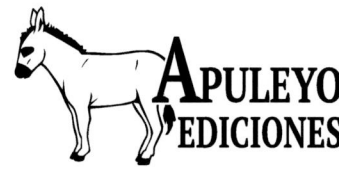

© Lilia Lucho Chacón (de la obra)
©Apuleyo Ediciones (de esta edición)
Primera edición en Apuleyo Ediciones: julio 2024
Diseño de cubierta: Sofía Corzo González
Corrección: Aitor Andreu Guerrero
Maquetación: Domingo Carrasco Martín
Ilustraciones: Adrian Pereira
Coordinación editorial: Isidoro Cidre González
info@apuleyoediciones.com
www.apuleyoediciones.com
ISBN: 978-84-1060-171-0
Depósito legal: H 133-2024

Hecho e impreso en España.

LA HORMIGUITA HERMINIA Y EL CÓNDOR CARMELO

APULEYO EDICIONES   FOMENTO DE VALORES   CUENTOS ILUSTRADOS

Lilia Lucho Chacón

APULEYO EDICIONES   FOMENTO DE VALORES   CUENTOS ILUSTRADOS